JN438363

세상에 다녀간 사람

새벽에 다녀간 사랑

송 인 관 시집

꿈결에 다녀간 사람 고운 꿈 내게 두고 어디로 사라졌나

화사한 웃음꽃인 듯 가슴에 새겨 놓고 어디로 떠나갔나!

매일 속삭이는 그 말 아픈 마음 쓰다듬어

사랑이 앵두처럼 여물어가네

도서출판 천우

● 시인의 말

나는 청계산 자락 과천에 있는 광창 마을에서 태어나 지금까지 이 마을에서 살고 있다. 요즘은 우리 마을의 나무 하나 돌 하나까지도 사랑하면서 경로당 일을 보고 있다. 회원은 백여 명이 조금 넘는데 이들과는 봄, 가을 일 년에 두 차례씩 국내 여행을 하고 있으며 복중에는 복 돌이를 하면서 삶을 즐기고 있다.

어린 시절에는 관악산을 바라보며 저 산 너머에는 어떤 사람들이 살고 있을까 하는 상상의 나래를 펴며 사색을 즐기곤 하였다. 해질 무렵에는 노을이 진 붉은 하늘에 뭉게구름이 흘러가는 걸 쳐다보는 것을 좋아했고 외로움을 달래기 위하여 독서를 즐겼다. 독서 삼매경에 빠져 그것에 심취하다 보니 나도 모르는 사이 어느 날 갑자기 문단에 등단을 하게 되었다.

문단 활동을 하면서 그동안 습작을 한 시를 모아 이번에 첫 시집을 내놓게 되었다. 시집을 내놓으면서도 시답지 않은 시를 이 세상에 내놓아야 될지 몹시 망설였고 고심을 하였으나 주위 사람들의 끈질긴 권유로 『새벽에 다녀간 사람』이라는 시집을 내놓게 되었다.

2014년 8월

송인관

제1부

마른 꽃잎

제2부

그리움의 탑을 쌓아

제3부

아물지 않는 상처

제4부

꽃바람

제5부

선유도 뱃길

제1부

마른 꽃잎

막다른 길목

어둡고 거친
세파를 헤쳐 가며
나 여기까지 왔노라

이제 인생의 막다른 길목에서
문인(文人)의 길을 걸으려 하니

꿈속의 향기
문향은 어디로 사라지고

회오리바람만 몰아쳐
눈을 뜰 수가 없구나

남은 인생
가야 할 길도 아직 남아 있고
꼭 지켜야 할 약속도 남았는데

유토피아는 보이지 않고
거친 황무지만
눈앞에 펼쳐져 있네

운명

물이 승천하여
윤회를 거쳐 개울물을 이룬다

개울물은 실핏줄처럼
물과 물이 이어져 강물로 흘러들다가

암초에 부닥쳐 웅덩이에 갇히면
악취를 풍기는 오물이 되기도 한다

우리 인간도 한평생을 살아가다가
예기치 않은 암초에 부닥치면

낙오자가 되고 궤도를 이탈한
기차와 같은 운명을 맞게 된다

자연과 인간은
순리대로 궤도를 따라 움직이다가도
쓰나미 같은 복병을 만나면

아무리
발버둥을 쳐봐도 무력증에 빠져든다

우리 인간은 그것을 운명이라고
부르면서 살아가고 있는 것 같다

별

대지가
어둠 속에 빠져들고
찬 바람이 스치는 밤

빤짝이는
별을 헤아려 본다

가슴속
깊은 곳에서는
고독이 싹트고

심장 속에서는
외로움이
고동을 치는데

시심을 키우려고 하나
시상이 떠오르지 않네

둔탁한
시침 소리는 쉬지 않고
마음을 울리고 있는데

나는 어디로 가야 할지
사방이 어둠에 잠겨

아무리 찾아보아도
길이 보이지 않는구나

마음

마음은
스치고 지나가는
바람이고 안개와 같은 것

아리송하고 형상도 없는
그저…

바람 부는 대로 흔들리는 갈대
라고 파스칼은 말하였지

간사하고
변덕스럽기도 하고
친절 상냥하면서도

때로는
사람을 괴롭히고
기분 나쁘게도 하지

그러나
마음 한번 잘 먹으면
북두칠성이 굽어보고

신명(神明)이
보살피기도 한다네

정말!
사람의 마음
알다가도 모르겠네

세월아 쉬었다가 가자

세월은 구름처럼 흘러만 간다
뜬구름 같은 인생!
끝이 없는 창공을 향해 달려간다

나는 세월이라는 열차에
몸을 싣고 칠십 킬로로 달려간다

지금은 갈 길이 바쁜지
길고 어두운 터널을 향해
팔십 킬로로 달리려고 한다

세월아! 너를 따라가다 보니
이제 힘이 들고 숨이 차구나

좋았던 시절 어디로 가 버리고
눈물마저 말라 흐르지 않는구나

세월아 좀 쉬었다가 가고 싶은데
우리 태양을 중천에 묶어놓고
잠깐이라도 쉬었다 가면 아니 되겠니

고독

현관문 수돗가
오래된 감나무 한 그루

주먹만 한 감 주렁주렁 매달려
부푼 꿈 안겨 주던 아름다웠던
시절은 어디로 사라지고

무슨 죄를 지었기에 앙상한 가지에
벌거벗은 나목이 되어
세찬 바람을 맞으며 벌을 서고 있는가?

현관문을 나서 겨울을 떨고 서 있는
앙상한 감나무를 바라보면

어쩌면 내 모습과 같아
운무에 휩싸인 고독이

가슴속 깊은 계곡으로 파고들어
마음을 끊임없이 짓누르고 있네

매듭

사람은
세상 밖으로 나오면
탯줄을 끊어 매듭을 짓고

한세상을
홀로 살아가기 시작한다

우리 인간이 죽으면
칠성판에 눕혀놓고
매듭을 지어 묶는다

마디를 묶고 풀며
살아가는 것이
우리네 인생이다

이념의 갈등이란
오랏줄로 남북으로
매듭진 우리나라

일 세기 동안 평행선을
긋고 살아가고 있다

오랫동안
풀리지 않는 지역 갈등
단단하게 묶인 보혁의 갈등

아무리
세월이 흐르고 흘러도
풀리지가 않는다

도토리나무

동구앞
어린 시절 보았던
도토리나무 한 그루

옛날이나
지금이나 변함없이
그 모습 그대로 서 있구나

풍상에 찌들고
오랜 세월이 흘러가도
여백의 사이를 비집고

밀어를 속삭이는
거목(巨木)의 의연한 모습

영롱한
꿈을 꾸며 무슨 소망을
그리도 바라고 서 있는지…

한결같이
속마음을 엷은 안개로 덮어버리고
그 자리를 지키고 있는 너의 모습

어쩌면
대문 앞에 서서 먼 산을 바라보는
구부정한 노인을 닮았는지…

여생

남은 인생 고희를 넘다 보니
좋은 시절 눈 녹듯 사라지고

태산보다 더 높은
미수가 눈앞에서 아른거리네

한 가지 소망이 있다면
산자락 밑에 작은 집 지어놓고

남은 여생 하늘을 바라보며
한 점 부끄러움 없이 살고 싶네

때로는 집 앞에 밭을 일구어
채소를 가꾸면서 소일도 하고

개울물을 찾아가 가재도 잡고
물고기도 잡아 매운탕 끓여 놓고

다정한 친구들과 막걸리를 마시며
정처 없이 흘러가는 구름같이 살고 싶네

수박과 호박

지구를 닮은 수박과 호박
둥근 네 모습이 공과 같구나

지구가 오묘하다면
수박과 호박 너희들도 오묘하다

수박은 달고 맛이 있어
만인의 사랑을 받고 있지만
씨는 먹지를 못해 뱉어 버린다

그런데 못생긴 호박은
씨와 이파리
모두 버리지 않고 먹지만

저잣거리를 걸으면
수박은 윗자리 상전에 모셔 놓고
호박은 땅바닥에서 마구 뒹굴게 한다

그런데
호박은 관상용으로도 사용하고
약재로도 사용되기도 하니
쓸모없는 이 사람도
꿈과 희망을 가져 보아야겠다

마른 꽃잎

찬 바람에 쫓겨 가는 겨울 하늘에
이름 모를 들꽃 잎 하나
양재천가 흐르는 물가에 고개 숙여 있네

왕성했던 시절 어디다 버리고
여름날에 그 많았던 벌 나비 어디로 보냈나

창백한 얼굴 바람에 내맡겨
마른 잎사귀 거친 숨소리가

온몸에 흐르는 실 빛을 이루어
혼자 누워 피를 말리고 있구나

어차피 왔다 가는 인생!
무심천에 누워 홀로 간들 어떻고
바람결에 흘러간들 어떻겠는가?

먼 산마루에 떠 있던 찬란한 태양
어디로 가고 푸른 들판에 피어 있던
그 많은 꽃송이들 보이지 않는다

마른 꽃잎 한 장
찬 바람에 벌거벗고 어디로 흘러가나!

바람이 세차게 몰아쳐
하염없이 흐르는 눈물 씻을 수가 없구나

노을 진 바닷가에서

65세가 되면
젊은 노인이라고 하고
75세가 넘으면
올드(Old), 올드(Old) 보이라고 부른다는데

왕성하고 패기가 넘쳐흐르던
내 몸에도 황혼이 깃들었나 보다

나이가 들수록 우울증은 심해지고
근육도 얇어지고 손발도 둔해진다

지능, 동작, 감각도 떨어지고
생각마저 느려진다

이것을 극복하려고
불로장생초를 구하려고
혈안이 된 진시황조차
그 뜻을 이루지 못하고
한 줌의 흙으로 돌아갔다

어느덧
내 머리에도 노을이 들어
돌아갈 수 없는 황혼이 깃든
바닷가에서

내 인생을 헤아려 보았지만
모든 것이 허망하고
헛된 일이었다는 것을 알았네

저녁노을

황금빛
노을을 향하여
흘러가는 구름아

태양 빛에 붉게 물든
너의 날개가 몹시 곱구나

기러기들은 떼 지어
서쪽 하늘로 날고

등이 굽은 노파는
보따리를 짊어지고

노을을 맞은 마을로
발걸음을 옮기는데

새의 날갯짓에
산 노을로 흘러가던 구름

어둠 속으로 사라져
보이지 않는구나

나이테

창틈을 비집고 들어오는 햇살
문을 열어 맞으면

빛을 따르고 어둠을 피해 살았던
그 많은 세월들이 주마등같이 떠오르네

존재를 확인할 수는 없지만
나는 항상 혼란의 세월을 그 속에서 살아왔네

나무는 나이테 속에 비밀과 절망했던 일들을
모두 껴안고 살아가는데
그 나이는 알 수도 없고 물을 수도 없네

나무는 침묵 속에서 이마에 주름살이 몇 개인가를 찾으며
깊은 사유를 하며 나이테를 헤아려 보지만

우리 몸에서는 이마의 주름살에서나 흔적이 있을까?
뚜렷한 나이테를 어디에서도 찾으려 해도 찾을 길이 없네

안갯속에 묻힌 일상

새벽 장에 팔려가는 염소 다섯 마리
두 마리는 팔리고 세 마리는 남아 있다

세 놈은
다음 장에 팔려갈 자신의 운명을 모른 채
어둠이 깃든 붉은 노을을 안고
껑충껑충 뛰며 집으로 돌아온다

텔레비전을 보니 북녘땅에서
회의 도중 두 보안관에게 끌려나오는
장성택의 경직된 모습이
마치 팔려가는 염소처럼 보인다

그는 형장의 이슬로 사라질 운명을
알고나 있었을까?

일 초 앞을 볼 수 없는 장막 앞에서
흐린 안갯속에 묻힌 일상이
TV 속에서 다가온다

우리 인간의 나약한 면모를 보여주는
실안개 같은 피조물이여!

일 없이 오늘도 무사히
나는 집으로 돌아갈 수가 있을는지
창조주인 하느님은 알고 계실까?

어느 노인의 독백

이름도 성도
밝히고 싶지 않습니다
나이는 80이 넘었습니다

고향은 살구꽃 복사꽃 피는
남녘 하늘 아래 마을입니다
그 이름도 밝히고 싶지 않습니다

지금은 남의 집 옥탑방에서
살고 있습니다
부인은 나하고 띠동갑인데
암과 투병 중입니다

그래 봬도
젊었을 때에는 출세했다고
나를 부러워하던
사람들도 많았습니다

오늘은 날씨가 차갑습니다
도롯가에서 휴지를 줍다 보니
옛날 생각이 나서 눈물이 납니다

그래도 휴지를 줍다 보면
한 달이 순식간에 지나가
시청에서 20만 원을 줍니다

휴지 조각을 주웠다고 돈을 주니
나는 복이 많은 사람입니다
얼마나 고마운지 모르겠습니다

파도 소리

파도 소리 멈추게
갈매기야

바다 위로 날아와
날개를 저어라

태양이 찬란한
저 검푸른 바다

바다 위를
나는 힘찬 갈매기

태양에 묻혀
하얀 점으로 사라지고

내 인생도
저 갈매기처럼

파도 소리에
하얀 점 남기고

바다 너머
저 먼 곳으로
사라져 가려고 하네

마음

마음이 들녘에 나앉아
바람에 흔들려 보니
유영하는 아지랑이 꽃 같고

찰나에 옷깃을 스친 듯한데
한 컷 찍힌 그림자로 남아
왜 해를 등지고 있는가?

형상은 구부정하게 꾸겨졌지만
마음은 더 어리고
바람 부는 대로 흔들리는
갈대처럼 약하기만 할까?

간사하고 변덕스러웠나?
반가워도 내색 못 하는 나약함이
가슴 저미는 후회만 되네

정말 내 마음 나도 몰라
사랑도 세월도 가버려
알다가도 모르는 아픈 마음이네

제2부

그리움의 탑을 쌓아

동백꽃

붉고 흰 동백꽃들이
갈매기가 우는 바닷가에서

삼동(三冬)의 칼바람을 견디며
그윽한 향기를 풍기고 있네

화사한 꽃잎 이파리가
몰아치는 눈발을 받아
고개를 내밀며 팔랑인다

화엄사 뜰 앞 선운사 계곡에도
꿈을 키우며 견디어 온
뜨거운 핏빛의 동백꽃들

단정한 몸치장을 하고
줄기마다 넘쳐흐르는 푸른 생명력
살짝 웃음꽃을 짓고 있네

어머니의 향이 고인 동백 기름
윤기가 흐르는 붉은 꽃이여
언제 보아도 너의 속살에는
모정(母情)의 향이 깊게 고여 있구나

사랑하는 아우야

봄비가 부슬부슬 내리고 있다
영혼이 물안개가 되어
이승과 저승이 서린 대지공원

이곳에는
너의 사랑하는 사람들이 모여
지금 봉헌을 하고 있는 중이다

영롱한 빛을 지닌 대리석
억겁의 세월이 흘러가도
네가 영원히 머무를 곳

이곳에는
갑자기 비가 광풍을 몰고 와
시야를 가리며 모질게 퍼붓고 있구나

삶과 죽음은 한 장의 백지 차이
이승의 끈을 놓기가 그리도 힘이 드느냐

윤회가 돌고 돌아
지금 네가 이곳에 와 있으니

온갖 서러움과 노여움을 흘려버리고
휘몰아치는 광폭한 빗줄기를 잠재워

편히
영면의 길로 들어서면 아니 되겠니?

두레박

우물과 두레박은
실과 바늘 같아

늘
떨어지려야
떨어질 수 없는
사이가 아니더냐

너는 누구를 위하여
우물물을 퍼 올리며

젖은 몸으로
돌 모서리에 부딪치고

찢기면서
한평생을 보내느냐

너의 모습을 보면
늘 젖은 몸으로

고달프고 궂은일을
마다 않고

이리 부닥치고
저리 부닥치면서

한평생을 살다간
어머니 생각이 난다

그리움

그리움이
마음속으로 다가오면
장미꽃을 좋아했던
어머님 모습이 떠오릅니다

어머님과 지나온 세월들이
그리움에 파묻혀 별빛 따라
마음을 스치고 지나가면

장미꽃은 엷은 꽃잎을 팔락이며
별빛이 스치는 밤하늘에 어머니를 향해
손짓하며 방긋 웃고 있겠지요?

이승의 끈을 놓은 날 장미꽃 중에서도
유난히 붉은 장미꽃을 좋아했던
생전의 어머니 얼굴을 매만질 수 있을는지요?
요즘은 어머니 모습이 자주 보입니다

아버지의 땀방울

저 너머 밭두렁엔
아버지 땀방울이 얼룩진 곳

밭에 엎드려
우리를 가꾸고 푸르게 키워
사랑과 정성이 깃들어 있었지

지나가는 사람들은 푸른 밭을 보며
별빛이 빤짝이네
둥근달이 떴네 되었지만,

그래도 모자라 별을 보고
저 밭에 널린 열매들

세상 밖으로 나아가
큰 별이 되라고 빌고 또 빌었지

이제 새벽달마저 서산을 넘어가
빌어줄 부모님마저 안 계시니

허허로운 마음 담긴 아버지의 땀방울
찾을 길이 없고 달랠 길이 없네

가마솥

가마솥
솥뚜껑을 열고 닫는 데는
신의 경지에 이르신
울 엄마

아침이든 저녁이든
언제든
그의 손길이 닿고
스치기만 해도

감자 호박 옥수수 등등
무엇이든지 쏟아지게 하는
가마솥의 울 엄마 손길

울 엄마가 가시고
며느리가 다가오자

가마솥은

향기로운 삶마저 외면한 채
녹슨 골동품이 되어
정재마저 사라지게 했네

지금은
프라이팬에다
주방에 서서
찬밥으로 누룽지를 튀기지만

며느리가 빚은 그 맛은
이글거리는 가마솥에
들끓었던 사랑의 힘마저
사라지게 하였네

허공

이른 새벽
온기 흐르는 카페 음악 방
장한나—첼로 콘서트에서

울려 퍼지는 멜로디에 취해
당신을 생각합니다

눈물은 아니더라도
아련함이 가슴을 파고드는 사람
당신이 있기에 참으로 행복합니다

일상의 생활이 옥죄더라도
우리에게 펼쳐진 일
당신을 생각하면 편안합니다

무슨 인연이기에
허공을 바라보며 당신을 그리는지요?
당신이 있기에 나는 행복합니다

그 사람은 바로 내 곁에서 늘 수발을 들어주는
사랑스럽고 향기 나는 아내 바로 당신입니다
당신이 있기에 텅 빈 허공 속에서도 나는 행복합니다

달팽이

달팽이 너의 머리에 두 개의
더듬이가 있구나

더듬이 끝에 눈이 있고
몸에서는 점액도 흐르는구나

얄팍한 줄무늬로 껍데기에 치장을 하고
무슨 업보가 있기에 한 생애를

빛을 피해
야간이나 비가 오는 낮에만

껍질에서 나와
껍질을 등에 진 채
맨살로 기어가야 하느냐

채식주의자가 되어서일까?
짧은 한평생을 살아가는 동안

무슨 업보가 있기에
풀이나 나뭇잎만 먹고 살아가는지…

너를 바라보면 북녘땅에 살고 있는
우리 형제들 모습이 떠오르는구나

그리움의 탑을 쌓아

사랑은
돌을 쌓아 탑을 이루듯
공을 들여야 얻어지는 것

고귀하고도 아름다워
돈 가지고는 살 수도 없고

돈으로는 이룰 수 없는 것이
사랑이 아닌가 하네

그리움의 탑을 쌓아
긴 시간 긴 터널을 지나며

참고 참아내면 아낌없이 사랑은
벌 나비를 따라 찾아오리라!

친구야! 나는 그 사랑을 꽃이 활짝 핀
푸른 들판에서 소중하게 간직한 채
별을 쳐다보며 오래오래 누릴까 하네

친구야, 네 생각과 네 말을 듣고 싶구나
나에게 넌지시 말을 할 수는 없겠니!

새벽에 다녀간 사람

꿈결에 다녀간 사람
고운 꿈 내게 두고
어디로 사라졌나

화사한 웃음꽃인 듯
가슴에 새겨 놓고
어디로 떠나갔나!

매일 속삭이는 그 말
아픈 마음 쓰다듬어
사랑이
앵두처럼 여물어가네

떡갈나무 잎

가을이 깊어가고
떡갈나무 잎에
달빛이 흐른다

옛날 어린 시절
하늘 저 멀리서
별이 빤짝이고 있을 때

떡갈나무 아래서
상수리 줍던 아이들
지금 어디서
무엇을 하고 있는지

떡갈나무 잎
뒷면에 붙어 있는
예쁜 빨간 구슬들

바람에 빼앗겨
가을이
깊어만 가는데

어느새 세월이 흘러
누렇게 된
떡갈나무 밑에서

나는 그때 그 시절
그 친구들을 그리워하며
지는 노을을 바라본다

세월 속에 흐르는 물

숲이 우거진 여름날의 들녘
꿈결 같은 회상의 편린들이
세월의 날개를 편다

내 먼 어린 시절
들판을 비추던 여름 햇살은
개울물이 되어 흐르다
다시 승천하고

나는 개울가에
한 마리 황새가 되어
사색에 젖어 서 있다

아득한 여름날에
햇살이
맑은 소리를 내며
흐르는 청정의 하늘

그 귀퉁이
어딘가에 세월에 묻혀버린
내 어린 꿈이 서려 있는
시절이 놓여 있고

마을 앞
내 가슴속에 흐르던 개울물
아직도 흐르고 있다

친구 태제

생애를 통해 잊을 수 없는
그 이름 태제!

삶의 목표가
뚜렷한 사람이었지

나는 과천에 살고
너는 함안에 살아

네 목소리를
들을 수가 없구나

여수 엑스포에 갔다가
너의 모습이 떠올라

핸드폰을 들고
너의 모습을 누르니

컬컬한 음성이 들려와
내 마음속 깊은 곳에
네가 있다는 것을 알았다

나는 지금 해바라기 꽃같이
고개를 돌려

너를 향해
그리움을 키우며 살아가고 있다

초록 문 1

초록색으로 단장한 대문에
밤새 이슬을 먹은 행복이

미동도 않고 서 있다가
대문 안으로 숨어드네

희미한 빛이 감도는
문설주에는

행복을 반죽한 담쟁이풀이
몸치장을 하고 서 있네

문을 들어서서
현관문으로 들어가면

집안에서 풍기는 아늑함이
편안한 마음을 갖게 하고

벌꿀이 단꿈에 취해 있는
또 다른 현관문은

초록 방울을 흔들면서
나를 반기네

초록 문 2

크고 작은 문들이 꿈을 안고
늘 우리 곁에 머물고 있네

초록 대문을 들어서면
아늑한 세상이 나를 반기고

초록 대문을 나가면
냉혹한 세상이 나를 기다리네

현관문을 들어서면 마음 놓고
쉴 수 있는 공간이 나를 반기고

초록 식당 문을 들어서면
마음 놓고 먹을 수 있는
음식들이 기다리고 있네

초록 문을 열면 행복이 있고
행복의 초록 문은

마음속에서 기쁨을 더해
나를 즐겁게 반긴다네

흔적

내 모습에도 살아온 흔적이
있어서일까?

검버섯 속에서 다각다각 하는
시침 소리가 들린다

동구 앞 느티나무
풍상에 찌든 나무껍질이

갈기갈기 찢겨져
검은 검버섯이 되어
아픔을 바람에 휘날린다

내 팔, 다리, 어깻죽지에도
힘들었던 고통의 흔적들이
남아서일까?

기름같이
끈적끈적 엉겨 붙어
아픔을 호소한다

밤이면 뼈마디
마디마디가 흔적 없이
대꼬챙이가 되어
온몸을 갉아댄다

시제(時祭)

제상에는 먼저 온 햇빛이 빤짝이네
조상님들 드시기를 바라는
홍동백서(紅東白西)의 산해진미(山海珍味)
조상님 아니시면 이 세상에 내가 있으랴

흰 도포 자락 펄럭이는 바람 소리에
조상님들 반기시며 깨어나시겠지
간만에 망건 쓰니 바람에 건들건들
조상님들 웃으실라
술잔에 철철 넘치는 정성을 받으소서

10월 15일 선조님들 초대하여
음덕을 기리고 화목을 다지며
풍요와 수다와 웃음까지 차려놓고
메 돌리고 음복한다
듬직한 소나무 끄덕이며 엿듣는다

길

대지는 어둠 속에
빠져들고

찬 바람이 스치는 밤
길을 따라간다

광활한 하늘에는
별들이 속삭이고

세상은 어둠 속으로
젖어드는데

가슴속엔 고독이 움트고
심장 속엔 외로움이 고개를 쳐든다

세상은 한결같이 지속되고
별은 소나무에 걸쳐
팔방은 어둠 속으로 숨어들지만

그리움만은 남아
길을 따라 움직인다

어느 장례식

온 집안이
추석 준비에 들떠 있을 때
조금 전에도 멀쩡하던
간난 할머니가 돌아가셨다고
며느리인 연변댁이 외쳤다
그녀는 왕방울만 한 눈방울을 굴리며
나를 바라본다
나는 전화기로 복지사에게
간난 할머니의 죽음을 알렸다
그녀의 고향은 함경도
어린 시절 그곳을 떠나
아버지와 함께
만주 벌판을 전전하며 살았다
해방 후에는 이태원 해방촌에서
청소원으로 살다가 기력이 쇠잔하여
우리 집에 세 들어 사는 아들을 찾아왔다
추석날
온 마을이 축제 분위기로 들떠 있을 때
심장 수술을 받은 그녀의 아들과 함께
빈소도 없고 문상객도 없는
초라한 장례식을 치르고
병원에서 마련한 봉고차에 고인을 싣고

벽제 화장터로 갔다
잠시 후 그녀를 에덴동산에 뿌리고 오면서
오열하는 아들을 달래며
복지사에게
가는 길이 급한지 저편으로 가는 비용이
몽탕 130만 원이 들었다고 알렸다

비가 오면 그리운 사람

매일 볼 수 없고
함께할 수는 없지만
맑은 영혼 주고 가는 사람

보지 못해 그리움은
비바람이 되어
저녁노을이 진
서편에서 몰려옵니다

멀리 있어도
잔잔한 사랑 전하는 사람
그리움은 하얀 비가 되어
내 마음속을 적시고 있습니다

제3부

아물지 않는 상처

한 마리 새가 되리라

나 죽으면 한 마리 새가 되리라
욕망의 굴레 두꺼운 육신을 버리고

솜털 같은 가벼운 깃털을 날리며
내가 꿈꾸어오던 천상의 보금자리
지상의 낙원을 찾아가리라

사단칠정(四端七情) 다 떨쳐 버리고
눈부신 나신이 되어 초록의 둥지를 틀어

옥수 같은 물 졸졸 흐르는 냇가에서
물방울 튕기며 햇빛 받아 춤도 추며 날리라…

역동의 시절

나의 장년 시대는
온 국민이
새마을 운동에 횃불을 들고
역동의 시절을 살았다

그 불꽃이
전국적으로 뜨겁게 타올라
한 시대를 휩쓸고 풍미하였다

그때는 꽁꽁 얼어붙었던
나의 삶에도 봄날이 찾아와

물 만난 물고기처럼
사람들이 들끓고 있는 청계천 변에
삶의 터전을 마련하였다

아침부터 저녁 늦게까지
마치 벌 나비가 꽃을 찾아 날듯이

이리 날고 저리 날며
생의 쓰디쓴 애환을 달래면서
먹이를 찾아 분주하게 살았다

어느덧
횃불을 들었던 그 시대도 지나가고
한세상을 풍미했던 지도자도 가버렸다

지금
기억에 남는 것은 실 가락 같은 추억과
희미한 흑백 사진만이 남아
그때 그 시절을 비춰주고 있을 뿐이다

코리아

21세기를 맞은 코리아는
백두산 정기를 받아

백두대간을 거쳐 한라봉까지
비상(飛翔)의 날개를 펴고 있다

끊임없는 열강의 견제와 도전 속에서도
역경을 딛고 세계 속으로 뻗어나가

스마트폰, 축구공 등등으로
국가 위신을 세웠다

지금은 더 큰 웅지(雄志)를 갖고
일류 국가로 발돋움하려고 하지만

빈부의 갈등 보혁의 갈등
치유되지 않은 지역 갈등 등등이
앞을 가로막고 있다

거기에다
국가는 남북으로 갈라져
언제 통일이 될지 요원하기만 하고

국가의 미래는
세월호 참사가 보여 주듯이
안갯속에 파묻혀 한 치 앞도 보이지 않는다

세월은
흘러도 철책보다 더 무서운 이념은
조금도 바꾸어지지 않은 채 요지부동이다

우리는
한 겨레 한 핏줄로 태어났지만
지금 두 개의 코리아로 살아가고 있다

우리 정치인은 자숙을 하고 상생의 정치를 펴
그동안의 쌓인 모든 갈등을 치유하고 철책 선을 뜯어내어
우리나라를 하나의 코리아로 통합을 해야 되리라

자유(Freedom)

세계 곳곳에서
자유와 정의를 위하여
피를 흘리고 있는 시위를 보니

시도 때도 없이 벌어지는
우리나라에
촛불 시위가 떠오른다

6월 10일
민주화 시위 때 종로 거리를
꽉 메운 학생과 시민들!

군사독재
타도를 외치며 데모를 하다
연막탄과 방망이에 쫓겨

청계천 변에서
이리 쫓기고 저리 쫓기던
가련한 학생들의 모습이 떠오른다

자유란 피를 요구하며
쟁취하는 자의 것이며

평화는
그냥 오는 것이 아니다

그렇게 피를 흘리며 어렵게 얻은 자유
일부 특권층과 정치인들이 파당을 지어

국민을 볼모로 하여
먹이를 찾아 이리 몰리고 저리 쏠리면서
호의호식을 하라고 흘린 피는 아니다

지금
정치인들은 국민과 국가를 위하여
얼마만큼 봉사를 하고 있으며
땀을 흘리고 있는지 묻고 싶다

잔인한 오월

매년 눈부시고 역동적이었던 오월이
금년 2014년에는 정말 잔인하였다

사월에 발생한 세월호 참상이
오월로 이어오면서

못 찾은 꽃들을 찾아 목숨을 걸고
헤매는 잠수부들의 눈물 어린 사투를
슬픔으로 빛을 잃게 하고

슬픈 꽃들의 귀환을 목메어 기다리는
가족들의 열망을 외면한 채
오월은 그저 흘러만 가고 있다

오월의 슬픔은
국내 경기를 어둡게 하였고
국민의 지갑마저 닫아 버리게 하였다

잔인한 오월은 우리의 숨통을
지금도 계속 누르고 있다

오월이여
사월에 피기도 전에 낙화된 꽃들이
진세(塵世)에서 이루지 못한 꿈

하늘나라에서나마
편히 이루고 살 수 있게 하소서

비통에 젖은 세월호 참사

온 세상을 경악케 한
진도 앞 세월호 좌초 사건

온 국민에게 비통과 슬픔을
안겨 주었으며
하늘도 울고 땅도 울게 하였다

인재(人災)가 저지른 세월호의 참사
끝이 없는 인간의 과욕이
씻을 수 없는 죄악을 저질렀구나!

당국과 공직자는 그동안
무엇을 하였는지…

중량이
초과되면 운행을 중지시키는
법적 조치가 없었다는 말인가…

그것을 감시하는 기구는 없었는지…
정치인과 공직자에게 묻고 싶다

오늘도
가여운 영령들 앞에
추모객들이 장사진을 이루어
피눈물을 뿌리고 있다

이번 참사를 저지른 끝이 없는
인간의 과욕
그 누가 어떻게 책임을 질 것인가?

유가족들에게 깊은 애도를 올리며
영령들 앞에 피눈물을 흘리노라

족적

크고 작은 모든 생명체는 족적을
남기고 흔적 없이 사라지겠지만

아스라이 먼 옛날 조상들이 살아온
흔적들이 마음속 깊이 다가오면

그 옛날을 못 잊어
잠을 설칠 때가 있다

길고 험한 길을 이어오면서
큰 족적을 남기고 간 사람들이
수도 없이 많지만

우리 민족이 세계 속에
우뚝 서 있는 것도
우수한 DNA가 있었기에 가능한 일

크고 작은 별들이
이 땅에 머물다 간 흔적들이
곳곳에 검은 비각이 되어 빛을 발하고 있다

머지 않아 평창에서도
빙상 축제로 세계인들을 모아 놓고
동계 올림픽이라는 큰 족적을 남길 것이다

먼 후손들은
이 시대에 족적을 보고
무엇이라고 말을 할까?

달력

달력을 들여다보면
길을 알리는 이정표 같고
축소된 나침반 같네

붉은 글씨로 쓴 일요일
파란 글씨로 쓴 토요일

녹두알같이 푸르고
붉은 색깔이
마음속 깊이 찾아들면

초원같이 푸르고 아름다운
주홍 글씨가 마음을 흔드네

토, 일, 월,
삼 일이 연휴가 되면
빨간 글씨들이 황금알이 되어
샛별같이 빤짝이네

마음은
바닷가로 달려가
옛 추억을 보듬어 안고

붉은 글씨부터 찾아보다가
여행의 꿈 그리며
지갑 속에 돈을 헤어보네

격세지감(隔世之感)

대동아 전쟁이 절정에 이르던
1940년대
내 유년 시절에

배가 고팠던 설움은
참을 수 없는 큰 슬픔이었지

매 끼니때마다 밥투정으로

어머니를 울리고
속도 많이 썩여 드렸지

지금은
좋은 세상 만나

아침, 점심은
제왕들의 식탁 못지않게

윤기가 흐르고
기름진 음식으로

저녁은
건너뛰며
다이어트를 한다면서

널을 뛰고 있지요!

광창 마을

옛 어른들은
과천 고을에 있는 광창 마을에서
넓고 풍요로운 땅을 일구며 정답게 살았다네

예부터
사람들은 머리를 옥녀봉으로 하고
얕은 산자락 밑에다 고풍이 풍기는 집을 짓고
봄에는 씨 갈이를 하고
가을에는 고사떡을 돌리며 살았다네

광창 마을은
봄이면 아지랑이가 피어오르고
밤꽃의 향기, 아카시아 꽃내음이
온 마을로 퍼져나가
날짐승들까지 모여들어 춤을 추던 곳이라네

여름에는
어머니는 개울가에서 빨래를 하고
나는 그 곁에서 물장구를 치고 놀았지

어느 날 갑자기
이 조용한 마을에 경마장이 들어서서
삼백육십오 일 불도저로 밀고 당기더니

산자락은
도로로 변하고 전답은 경마장으로 들어가
광창 마을은 피멍이 들어 산산조각으로 찢기었다네

배급

어린 시절 대동아 전쟁 말
일제는 콩깻묵을 대두미(大豆米)라고 하면서

배급을 준다기에 어머니 손을 잡고
배급소로 갔었지

거기에는
콩깻묵이 산더미같이 쌓여 있었는데
바싹 여위고 깡마른 사람들이
줄을 서서 기다리고 있었다네

그때 비행기 한 대가 하얀 연기를 뿜으며
고공으로 날고 있었는데

그 비행기를 보며 사람들의 속삭이는 소리
성냥갑같이 저 작은 비행기는 미국 비행기

일본은 곧 망할 것이라는
모기 소리같이 작은 목소리가 들려왔었지

지금도 일본이 독도는 자기네 땅이라고
생트집을 할 때마다

그때 일본은 곧 망할 것이라고 하던
그 소리가 내 귓전을 울리며 들려오네

등산

가파른 등산로에 서서
삶이 저렇게 가팔라
딛고 오르기 겁이 났었지

이제 내려다보니 아득해
울창한 숲과 소나무 군락이
나를 들이지 않고 길이 없네

쉼 없이 살아온 세월 눈물도 많았지
가쁜 숨 몰아쉬고 정상에 오르니
내리막길이 나를 기다리고 있네

바위가 있고 한 아름드리
큰 소나무가 서 있는 샘물가

바위틈에서 졸졸 흐르는 물
한 모금 들이켜니

돌고 돌아 생명 살린 핏줄기
쪽박 가득 담아
말라버린 목젖을 적신다

온몸으로 스며드는 물
위장을 지나 혈맥을 타고

머리로 다가와 푸른 꿈을 마시고
숲길을 따라 걷는다

양재천의 겨울

시베리아 찬 바람
뼛속 깊이 파고드는
양재천 하얀 물길
서서히 다가온다

하얀 억새들의 행진
산다는 것은 외로운 것

오리들의 자맥질
사색에 잠긴 두루미
고요히 서서
꼬리 흔들며 물결 헤집는
잉어 떼를 본다

해는 서산 위에 머물고
나무들은 무슨 죄를 지었기에
옷 벗어 거기 놓고,
나신이 되어 벌 서는가

양재천 산책로 거칠 것 없는 실개천
비수가 된 센 바람이 스쳐가며
갈잎도 흔들고 사람도 흔든다

나무들 풀들 모두모두 조아리며
그간의 잘못을 뉘우치고 후회한다

통 성냥

우리 집 문갑 속에
보관된 통 성냥 한 갑

UN이라는 상표 밑에
반공방첩이라는
네 글자가 새겨져 있네

성냥갑 뒷면에
화재 신고는 119

통 성냥 아늑한 곳에
붉은 머리뼈만 앙상한
바싹 마른 하얀 무리들

세상 밖으로 나가
가미가제특공대가 되어

내 한 몸 불사르고
온 천지를 밝게 밝힐 날
헤아리며 기다리고 있네

무릎

무릎은
위아래, 상과 하를
이어주는 연결고리

잘못되어
연골이 망가지면

우리 몸은 어찌될지
생각만 하여도
오싹해지네

중산층은
있는 자와 없는 자를
이어주는 징검다리,
그리고 완충 지대!

중산층이
엷어지고 무너지면

우리는 어떻게 되고
세상은 어찌 될지!

생각만 하여도
닭살이 돋고 소름이 끼치네

잡초

잡초는 이름이 없어서
외롭게 자라고 있는 것일까?

그 많은 풀들 가운데서도
잎을 움츠리고
땅을 향해 꽃술을 내린다

옛날 우리 조상 가운데 어떤 사람은
이름이 없어서 개똥이 쇠똥이라고
부르면서 살았던 시절도 있었고

상전이 지나가면 땅바닥에 엎드려
고개를 푹 숙이고 살기도 하였다

이름하여 민초라고 불렀는데
이름 없는 잡초와 닮아서일까
그 모습이 나목과 같이 쓸쓸하다

엊그제 광화문이 물바다가 되고
우면산이 무너져 태곳적부터
아무 일이 없던 형촌 마을이

토사에 묻혀
인명, 가옥 등 피해를 입었지만

잡초는 폭풍우에 휩쓸려
이리저리 흔들려도
뿌리를 땅속에 깊이 박고 있어서일까?
살아남을 수가 있었다

이를 보고 우리 백성을
민초라고 부르기도 하고

잡초보다도 못한 인생이라고
부르면서 살아왔는지 모르겠다

아물지 않는 상처

유월! 비탄 속에 오열하는 깊은 밤, 일만이 형이 꿈속에서 나타나
망우리 밖 개망초 꽃망울이 진 외딴집에서 4촌인 인필이 형을
보았다는 전화를 걸어 왔네

육십삼 년이 되도록 꿈속에서조차 소식이 없었던 그를 보았다니
꿈인지 생시인지 그 말을 믿을 수도 없고 믿기지가 않는구나

10대에 푸른 제복을 입은 그는 이 땅에 자랑스러운 국군이었다
그를 보았다는 개망초 꽃망울이 진 외딴집으로 전화를 걸었더니
웬 낯선 사람이 전화를 받으면서 기다리라고 한다

백부모님은 행방불명이 된 그를 기다리다 지쳐
저 세상으로 간 지 이미 오래되었는데 또 기다리라고 하니 기다릴 수밖에

기다리다 지쳐 다시 전화를 거니 이번에는 웬 낯선 노파가 전화를 받는다
역시 기다리라고 한다 아무리 기다리고 기다려도 소식은 없고
사위(四圍)는 어둠만이 깊이 쌓여간다

혹시 일만이 형이 이승과 저승을 넘나들며 비몽사몽 속에서 잘못
인필이 형을 만난 것은 아닐는지
이승과 저승은 백지장 한 장 차이라고 하는데 왜 연락이 안 닿을까?
일만이 형은 푸른 제복이 좋아 10대에 이 땅의 군인이 되었다
날이 밝아오면 퇴역을 하여 백발이 된 그에게 무슨 일이 있었는지!
무슨 일로 현몽을 하게 됐으며 꿈에 나타났는지 전화를 해 보리라!

고요한 적막만이 물 흘러가듯이 흐르고 하늘에서는 비가 끊이지 않고 내리는데
개성공단은 천신만고 끝에 매듭이 풀렸지만

NLL은 깊은 사초(史草)와 운무에 싸여 앞이 보이지를 않네

태양은 아직도 어둠 속에 갇혀 있고 인필이 형의 소식은 알 수가 없이
요원하기만 하구나
아물지 않는 상처는 치유되지 않고 남북 하늘에 깔려 있는
깊은 안개에 싸인 먼동은
왜! 헛바퀴만 돌고 있는지 모르겠네

제4부

꽃바람

꽃바람

남쪽에서는
매화와 산수유 꽃이
활짝 피었다는데

양재천가
광창로 우리 마을에는
골목마다 꽃바람이
이제야 불기 시작하네

머지않아
목련나무 매화나무에
뭉실한 꽃망울이 맺혀
움트기 시작하겠지

앞산에 까치
뒷산에 참새 날아

골목마다 서 있는 가로수들
봄기운이 감돌아 춤을 추며

푸른 꿈 한 아름 안고
희망 노래 부르리라

숲

겨울 내내
자맥질하던 봄기운이

새들을
신록의 숲 속으로 불러들인다

풀꽃마다
부드러운 바람이 살랑거리고

흰 구름이
햇살을 안고 흘러간다

내 마음속에도 햇빛이 찾아들고
희망을 안겨주는 파랑새가 날고 있다

농부들은 희망의 씨앗을 뿌리고
대자연의 혼과 정기를 받은 풀들은
햇살을 받아 푸른 단장을 하고 있다

한낮엔 파랑새가 울고
심야엔 두견새가 우는
초록의 숲을 찾아드는 새여

어서
너의 청아하고 고운 노래를
하늘 높이 날며 불러다오

봄바람

시샘을 하는 봄
차가운 바람을 몰고 와
옷깃을 들추고 있네

겨울을 버틴 플라타너스
쌀쌀한 찬 바람 속에서도
봄기운이 감돌고 있네

4월이 오면 개나리꽃이
시샘을 하는 봄바람의
노랗게 입을 열어주겠지

발 빠르게 다가오는
봄날이

깊고 몽롱한 잠 속에 빠진
내 마음에도
활력을 넣어 주리라

초가을

처서(處暑)가
지나자 몸을 스치는 바람
촉감마저 다르다

바람의 씨알!
마음을 초록색으로 채색도 하고
푸른 꿈을 안겨 주기도 한다

개울가
온갖 잡다한 풀들 속에
들꽃이 무리를 지어 피어 있다

그중
코스모스 한 무리 꽃송이가
햇빛 받아 뭉게구름 속에
나비같이 팔랑인다

들꽃이
청순하여서일까?
동화 속에 나오는 그림같이
청초하면서도 아름답다

어느 겨울날에

찬 바람에 햇빛마저 가린 잿빛 하늘
허공 속에서 흰 눈이
하얀 마을을 그리고 있습니다

새들이 고요만을 남기고
떠난 앙상한 가지에도
눈꽃이 하얗게 피고 있네요

사람들은 하얀 꿈속에 취해 있고
마을 안 새로 난 하얀 길엔
차들만이 거북이걸음으로 지나가다
흰 눈 속으로 사라지고 있습니다

겨울 눈밭에 파묻혀 가는
얼음같이 차가운 내 영혼!

겨울 절정을 향해
낙화하는 저 눈발 속에 파묻혀

마을 앞 작은 정원에 서 있는
나목(裸木)들처럼 나신(裸身)이 되어

여름날에 무성했던 푸른 꿈 떨구고
흰 눈꽃을 굽이굽이 피우고 있습니다

살을 에는 대한 추위는
눈 축제로 하얀 풍경을 이룬 마을에

조용한 평화가 깃들게 하고
하얗게 수채화 한 폭을 그려

하얀 눈송이가 펄펄 내리는 모습을
잿빛 허공 속에 내 영혼과 함께 담고 있습니다

폭풍 속에 비바람

비가 퍼붓고 있다
폭풍도 불어온다

등고선을 타고
광란에 미쳐버린 바람이
들판을 쑥대밭으로
짓이기고 지나간다

도로변 가로수들은
찢어진 가지를 흔들며
자지러지게 울부짖고

들판에 피어 있는
코스모스는
흙탕물을 뒤집어쓰고
물을 토해내고 있다

이제 공중은
칠흑 같은 어둠에 잠겨 있고
새도, 하루살이도, 잠자리도,
나비 한 마리도
보이지를 않는다

한때는
나도 들꽃이 되어
고스란히 물벼락을 맞고
서 있었던 때가 있었다

폭풍

폭풍이
몰아친다

여의도에서
부는
회오리바람으로

온 대지는
암흑 속으로
빨려들어 가고

나는
길을 잃고

폭풍이
휩쓸고 간

광야를
헤매고 있다

고무나무

창가에 서 있는
고무나무 한 그루

잎은 윤기가 흐르고
단단한 줄기는
건강미가 넘쳐흐르네

성장의 속도도 빨라
계절이 지날 때마다

잎사귀 색상미가
한결 윤기가 흐르고
아름답다

고무를 생산하기 위한
그 많은 인고의 세월
너는 잘 참고 견디어 왔구나

할미꽃

할미꽃
나는 네가 좋아하는
향기로운 꽃
라일락꽃이 되고 싶었네

세월이 흐르다 보니
나도 모르는 새
어느 날 갑자기
언제 질지도 모르는
호박꽃이 되었구나

되돌릴 수 없는 세월
그 누가 돌릴 수만 있다면
나는 너를 위해
붉은 사과꽃이 되고 싶구나

붉은 꽃도 아름답지만
빨간 사과는
모든 이에게서
사랑을 듬뿍 받은
과일이 아니더냐

나는 할미꽃
네가 좋아하는
사과꽃이 되어
만 사람 사랑을
듬뿍 받고 싶구나

옥잠화*

물가에 핀 옥잠화야
푸른 이파리에 안겨

짙은 향기를 지니면서
행복하기를 바라고 있었구나

석주를 떠나 이곳에 오는 동안
얼마나 많은 사람 마음 흔들어 놓고
이별 노래 부르며 눈물 흘렸을까?

긴 목 늘여 누구를 기다리고 있나
동근 네 얼굴 눈 뜨는 저녁이면
달빛 그림자 안고 밤 지새우고

새벽에는 초록 이파리에 별빛 담아
사랑을 꿈꾸고 있었구나

향기에 취해 발길을 옮기다 보니
옥잠화야 네가 날 부르고 있었구나

하얗게 피운 네 마음과 향이 좋아
하염없이 서서 네 모습 지켜보니
가슴이 아리어 눈시울이 젖어오는구나

*옥잠화 : 원산지는 중국 석주.

들의 향기

온 들녘으로
퍼져나가는
따사로운 햇빛

바람에 실려
갓 솟아오르는
냉이와 쑥 들의 향기

그 속을 헤집고
쟁기 한 대가

밭고랑을 따라
겨울을 갈아엎는다

호미를 든 노파가
소쿠리에 봄을 캐어 담고

노파를 따라온
삽살개 한 마리

껑충 뛰며
봄마중을 하고 있네

개나리

봄의 전령사
개나리꽃

나비처럼 펄럭이는
노란 꽃잎의 향기

봄바람을 몰고
창틀을 비집고
찾아드네

동면 속에 빠진
가로수들
눈망울을 터트리고
봄비 속에
기지개를 펴네

경마장 가는 길가에
핀 개나리꽃
경마꾼들을 노랗게
물들이고

머지않아
대박을 터트리고
꽃 잔치를 벌이겠지

갈매기

대천 앞바다 푸른 물결
일렁이는 바닷가

부푼 마음으로 배에 오르면
검푸른 물살을 가르며
바람 속을 뚫고 질주한다

겨울 바다를 스치는 매운바람
차갑고 매섭게 뺨을 할퀴어도

배 난간에 서서 갈매기가 날고 있는
푸른 물결을 바라보면

배 난간에 기댄 회색 모자
흰 머플러를 두른 소녀

강풍에 날개를 젓는 갈매기에게
쉬지 않고 새우깡을 날린다

배가 하얀 물살을 가르고 질주하면
갈매기는 뱃가로 다가와 날개를 저으며
애절하고 구슬프게 울어댄다

화력 발전소에서 뿜어대는 하얀 연기
배들은 갈매기와 한 쌍이 되어
물살을 가르며 그곳을 향해 질주한다

버들강아지

양지 쪽에 활짝 핀 버들강아지
물가에 서서 찬 바람에 나부끼며
봄이여 빨리 오라 손 흔드네

방긋 웃는 버들강아지
환한 햇빛 입에 물었네

양재천 둑길 오가는 사람
환영하는 봄의 전령사 버들강아지

꽃샘추위 아랑곳없이
늘어진 가지마다 새순 터질 듯

봄이 그리운 사람들
실바람 따라 휘청이며 걸으며

얼었던 양재천 말이 튀어
졸졸 소리 내며 흐르고 있네

갈대

싸늘한 겨울날
냇가에 서 있는
갈대 한 무리

바람이 부는 대로
이리저리 흔들리고 있네

왕성했던 여름날에
벌 나비가 찾아들던
푸른 모습은 보이지 않고

앙상한 마른 잎사귀
실오리 한 줄기가

바람에 나부끼는 갈대꽃을
온몸으로 받쳐주고 있네

개울물

개울물이 동맥의 피 흐르듯이
밤낮없이 흐른다
졸졸거리며
생명을 매만져
바람소리에 섞여 가며 흐른다

삼백예순닷새 천지를 돌고 돌아
하늘로 승천해
구름으로 떠돌다
우주의 순리대로
물소리로
새로 태어난다

졸졸 흐르는 소리는
무슨 소리일까?
우주의 맥박소리일까?
우주의 숨소리일까?
돌돌 흐르며
생명을 깨우는 소리인가?

갈대숲은!
물가에 서서
우주의 숨소리를 들으며
가을 노래 부르면서
춤을 추다가
씨앗을 남기고
영면(永眠)의 숲으로 빠져든다

난(蘭)

청자 속에 뿌리를
박고 서 있는 난이여!

푸른 잎줄기에
흰 띠를 두른
너의 모습은
푸른 청자의 빛이다

잎줄기는 허공을 향해
뻗어 있고

푸른 줄기에서는
물 흐르는 소리가
맑고 청아하게 들리는구나

난(蘭)이여
너는 한결같이 곡선미를 자랑하며
그 모습 그대로 서 있는데

네가 지향하는 이상은 무엇이며
너의 꿈은 무엇인지

나는
너의 속살을 아무리 들여다보아도
그 속을 헤아릴 수가 없구나

국화꽃

가을을 맞이한 국화꽃이여
휘몰아친 가을바람에
버려진다는 것은 슬픔이요 아픔이지

가슴 적시는 빗소리 바람마저 몰아쳐
낙엽은 지고 쌓이는데
어쩌면 내 모습이 보이는 것 같구나

기약 없이 달려온 세월 종착역은 보이지 않고
혼자라는 외로움만 나를 덮치는데

끝까지 가보면 무엇이 있을까?
무지개가 펼쳐진 설레는 마음
만개한 꽃밭에서 꿈도 꿀 수 있겠지!

제5부

선유도 뱃길

보길도

보길도 가는
바닷길

갯바람이
옷깃을 헤집고 속살을 스치네

몽돌이 수북이 깔린
예송리 해변가

솔향기를 풍겨주는 향긋함이
감빛 물결 따라 퍼져 나가네

우뚝 솟은
적자봉에 초승달이 지나면

윤선도 고택 앞에 펼쳐진 유채화
차디찬 이슬을 머금고 잠자리에 드네

자전거

바람을 가르는 자전거
너는 내 분신이며 동행자

빛이 내리는 도로에서
비가 내리는 들길에서
페달을 밟고 핸들을 틀면

마이 웨이를 따라
신 나게 달리는 너

하늘 위에서는 새들이
땅 위에서는 차들이
우리를 호위하고 따르지

어제는 차가
돌개바람을 일으키며
앞을 가로막아

무소불위로 달리던
너와 나는 땅 위에 엎어져
노란 하늘을 보며 팔을 꺾었지

차는 회오리바람같이 사라지고
사람들마저 발을 돌릴 때

나뭇가지에 앉아 있던 참새들은
눈물을 흘리며 짹짹이고 있었지

경마장 가는 길

봄이 바람을 타고
경마장까지 달려왔다

경마장 입구에서 경마지를
팔고 있는 아주머니의
처절한 외침에도 봄이 오고

돋보기안경을 파는
구부정한 노인의 어깨에도
봄은 야하게 찾아든다

경마꾼들이 요행을 바라며
질곡의 삶을 어깨의 짊어진 채

수많은 사연을 가슴에 안고
불나비같이 경마장으로 모여든다

봄이 빠른 속도로 말발굽을 따라
경마장 안을 돌며 질주한다

그리고 봄은
경마인들에게 대박을 터트리고
기수를 향해 달려갈 것이다

또 봄은 어디까지 질주할 것인가
봄이 채 가기도 전에 경마와 같이
여름을 향해 달려갈 것이다

경마장

차들로 얽히고설켜 주차장이 된 길을 지나
경마장 철책 담장을 따라 걷다 보면
졸졸 흐르는 막계천 위에 활처럼 휜 용마교가 있다

개미 떼 같은 사람들이 용마교를 지나
먹이사슬에 엉겨 붙어 발 빠르게 움직인다

토요일과 일요일엔 조물주도 놀라울세라
경마꾼이 내뿜은 핏빛 어린 외마디 소리

마른 몸의 사나이가 경마지를 펼쳐 놓고
부들부들 떨면서 돋보기를 꺼내 쓴다

마권의 번호를 이리저리 뒤척이며
경마 시작을 초조히 기다린다

타원형으로 둥글게 그어진 길을 따라
바람을 가르며 말이 질주를 하면

겹겹이 쌓인 플라스틱 의자에 쪼그리고 앉아
초조와 불안에 휩싸인 사람들이 마권을 보고 또 보면서

하늘을 가르는 천둥 같은 함성을 지르고
발을 동동거리며 퉁방울 같은 눈알을 부라린다

선유도 뱃길

선유도 가는 뱃길 허허로운 바다
파란 물에 검은 물감을 풀어
하얀 물보라를 치며 뱃길을 열어 주네

망망대해 선유도 가는 뱃길
햇빛의 출렁이는 빨간 방울
바다에 선을 긋고 넘실넘실 춤을 추네

하얗게 부서지는 물보라
마음도 부서지는 선창가
외로운 등대는 바람을 안고
외로이 서 있네

바다에 길손 외로이 서 있는데
안개에 휩싸인 바다 저편
낙엽처럼 떠 있는 배 한 척
가물가물 사라져가네

대공원 길

화사한 햇빛을 안고
봄날이 오네

꽃봉오리들
봄볕에 기지개를 펴면

대공원 산책길에도
노란 개나리도 피고
연분홍 진달래도 피겠지

저수지 물결을 헤집고
자맥질하는 오리들

쉼 없이 다니는
코끼리 차와 스카이 리프트

상춘객들의 발길을 멈추게 하고
눈길을 끌어당기겠지

넘실대고 출렁이는 저수지 물결
헤집고 다니는 잉어 떼들
물결을 치며 봄을 재촉하네

머지않아 꽃바람이 부는 대공원 길
봄나들이하는 상춘객을 불러들여
꽃 잔치를 벌이리라

빨랫줄

간밤에 내린 빗방울
대롱대롱 매달린
앞마당 빨랫줄

분홍 때밀이 수건
등에 걸머지고

입가에 빗방울 물고
바람에 팔랑인다

간밤!
빗방울에 젖은 빨랫줄

어둠 속에 무슨 생각에 젖어
독수공방하며 긴 밤을 새웠을까?

은행나무

울타리 따라 선 은행나무 세 그루
우수수 떨어지는
금빛 노란 돈다발

푸드득 나는 까치는
돈다발이 싫은가 보다

은행잎에 감춰진 동전 알 한 다발
세찬 바람 소리에
알몸 드러날까 봐
고약한 냄새 풍기며
울타리 덤불 속에 숨네

이 가을에 가난한 사람들아
노란 돈 산더미로 쌓인
나무 은행 밑으로 오시구려!

은행 알 한 사발에 막걸리 두 뚝배기란다
흥얼흥얼 안주 삼아
금빛 노래 쏟아붓자

꿈이여, 날개를 펴라

꿈이여 날개를 펴라
새로운 해 청마를 타고
새 아침이 밝았다

지난해
갖은 재앙으로 멍들었고
할퀴고 지나간 녹색의 별

태양은
찬란하게 떠오르고 있다

상처로 얼룩진 지난해
말끔히 씻고

대지 위에 발을 딛고
기지개를 펴보자

목청껏 외쳐보자
가슴에 품은 거대한 이상을

원대한 꿈을 안고
찬란한 태양을 바라보며

꿈이여 힘차게 발을 딛고
푸른 별의 맑은 노래 들으며
날개를 펼쳐 보자

퍼간다

누가
채움터실에서
문향을 퍼간다

시향이
풍기는 채움터
입맛도 좋다며

시도 퍼가고
파스텔화도 퍼간다

꽃이 피면
마음속의 시심도 퍼가고

유유히 흐르는
시간의 맥박도 퍼간다

눈이 오면
얼어붙은 빰
최후의 입김도 퍼가고

손을 내밀며
움츠린 어깨도 펴간다

누가
채움터 와 시사모
한 덩이마저 펴가고
또 나를 펴갈 것이다

커피

커피의 기원지
에티오피아 모카—하라(Harrar)
긴 세월을 지나 대부분의 사람들이
애음하는 커피는
열대산 상록관목수 꼭두서닛과 커피
갈색의 향기로운 쓰디쓴 열매
사람들에게 기호 식품으로
자리매김을 하였고
블랙커피를 마실 때에는
우주의 창이 열리고
인간의 삶의 애환이 담겨 있는
쪽빛 항아리가 보인다
검은 피부에 윤기가 흐르는
아프리카 여인이 머리에 머플러를
질끈 동여매고
쪽빛 항아리 속에
커피 열매를 따는 모습이 보인다
아랍어 '콰하(Qahwah)' 에서 왔다는 커피는
지구 곳곳으로 급속히 퍼져나가
이슬람교도들의 긴 종교의식에서
대중적인 음료로 인기를 얻었고
자판기에서 동전을 넣고 뽑아 먹는 커피 맛은

짙은 향음을 풍기며 내 몸속으로 파고들어
짙은 안개에 싸인 에티오피아 모카 하라를
영상물을 보듯 떠오르게 한다

안경

하얀 유리알
수정같이 맑고 깨끗한 안경

두 알 고리로 이어져
두 쪽 하나가 된다

만물 중 사람에게만
원시와 근시를 찾아

명마 탄
제왕같이 콧등에 올라탄다

하늘을
쳐다보고 세상을 내려다본다

오목렌즈로 보는 세상은
어떤 세상이고

볼록렌즈로 보는 세상은
어떤 세상인지

요정들이 사는 세상은
어떤 색깔로 비쳐지는지!

안경은
지팡이가 되어
세상 밖으로 나를 끌어낸다

족발

일요일 오후
마을 회관에 사람들이 모여
족발을 들통에 놓고 앉아 있네

한나라당 비대위원장이 여자고
통합민주당 당수도 여자고

주눅이 든 남자들은
돈 봉투를 들고 감옥으로 가고

이제는 여자들이 나서서
맑은 정치를 한다고 입에 침을 튕기며
이야기꽃을 피우고 있네

그 속을 들여다보며
미주알고주알 주판알을 퉁기더니

밑천이 다 떨어졌는지
푹 삶은 족발을 들통에서 끄집어 놓고
막걸리 한 대접을 마시면서 하는 말이

송아지가 개 값보다 못하다고
정치인을 싸잡아 욕을 하고 있네

빈 병이 쌓이기 시작하자
회관 안은 조용하고

파리 한 마리가 족발 위에 앉아
날개를 흔들고 있네

세탁

갑오년 청마의 해
마음을 벗어 세탁을 한다

지난해에 모든 희로애락을
백색의 향기가 깃들도록
세탁기에 넣고

빙글빙글 돌려 햇빛에 말리면
박꽃보다 더 고운 물이 들겠지

내일이면
나의 길을 가려고 하는데
마음을 깨끗하게 세척을 하였으니

오늘은
코발트색(Cobalt色)으로 들판을 향해
청마와 같이 달리리라

공기(空氣)

지구 둘레에
집을 짓고 사는 공기
너는 무색투명 무취의 기체

보이지는 않지만
한시도 네가 없으면
우리는 살 수가 없다

너의 집은 무한대로
펼쳐진 허공이다

하지만 허파 속 빈 벽에도
집을 짓고 산다

너의 존재를
확인하기 위하여
풍선을 불어보면

공같이 부푼 곳에
무색무취 투명한 공기
너의 집이 보인다

염소

우리 인간이
가축하여 내려온 지
수천 년이 된 야생동물이었던
염소는 오랜 세월이 흘러도

창조자의 뜻이라고 할까?
야생의 성질은 아무 변함없이
혹한이나 혹서에도 잘 견디고 있다

질병과 기후 풍토에도 강하며
적응성이 매우 강건하고 뛰어나다

식성이 매우 좋아
거친 먹이도 잘 먹고
성질이 온순하고 활달하며
몸집이 양보다 작아 키우기도 쉽다

바람 부는 대로
살아가는
우리 민초들도
염소를 닮아서일까?
온순하면서도 때론 강인하다

앞발로 버티고 있는
고집 센 염소
저 순한 얼굴에 저런 힘이
어디에 잠재해 있었으며
그 뚝심은 어디서 나왔을까?

장독대

집을 지을 때
고야로 지붕을 이어
태초부터 옥상은 없었네

지하로 들어가는 층계 위에
한 평 반 되는 곳에
콘크리트를 쳐

성냥갑만 한 장독대
하나를 만들었지

눈이 송송 내리는
어느 날

크고 작은 독 스무 개 위에
둥근 공 스무 개
하얀 눈덩이가

달빛 속 장독대에서
숨을 고르고 있었네

지금은
나목이 된
감나무를 바라보며

집을 지키는 수호신이 되어
장독대 위에서
하얀 잠을 자고 있네

낙원 상실의 비장한 극서정시(劇抒情詩) 창출

— 송인관 시집 『새벽에 다녀간 사람』 평설

石蘭史 이 수 화
시인, 명예문학박사, (사)세계문인협회 고문,
국제펜클럽 한국본부 · 한국문인협회 원임부이사장

송인관 시인의 시(詩)가 꿈꾸는 낙원 상실 이후의 극서정시(劇抒情詩)는 그의 이 첫 시집 『새벽에 다녀간 사람』(2014년 7월, 도서출판 天雨 刊)에 매우 극적(劇的)인 비장미(悲壯美, Tragic Beauty)와 아이러니 미학으로 형상화되어 있다. 직핍하게 그 실상을 들여다본다.

달팽이 너의 머리에 두 개의
더듬이가 있구나

더듬이 끝에 눈이 있고
몸에서는 점액도 흐르는구나

얄팍한 줄무늬로 껍데기에 치장을 하고
무슨 업보가 있기에 한 생애를

빛을 피해
야간이나 비가 오는 낮에만

껍질에서 나와
껍질을 등에 진 채
맨살로 기어가야 하느냐

채식주의자가 되어서일까?
짧은 한평생을 살아가는 동안

무슨 업보가 있기에
풀이나 나뭇잎만 먹고 살아가는지…

너를 바라보면 북녘땅에 살고 있는
우리 형제들 모습이 떠오르는구나

—「달팽이」 전문

송인관은 이 시에서 반공주의(反共主義)를 부르짖자는 것이 아니다. 그의 사상(思想)은 낙원 상실(失樂園, 세상과 떨어진 걱정 없이 즐겁고 살기 좋은 곳 · 천국 · 유토피아를 잃어버린)의 아이러니를 달팽이의 삶으로 견주어 북한 동포에 빗대서 진술하고 있는 것뿐이다. 달팽이는 제 갑주 속에만 살면 그곳이 바로 낙원이지만, 근대 이후 특히 북한 체제와 같은 갑주 밖 조직 사회는 낙원(복지 국가)이란 꿈도 꿀 수 없는 낙원 상실의 정서(情緖) 몰수 공간인 것이다. 갑주 속에서만 살 수 없는 달팽이(북녘 동포와 같은 조직 사회 현대인)의 아이러니한 삶은 우리 현대인(조직에서 소외되고,

자본주의 · 황금만능주의에서 소외받는) 누구나의 숙명이다. 송인관 시의 예시 후말연은 그 현대인 특유의 삶의 부조리한 시원(始原, 원시) 시대 인간 본래적 서정주의(리리시즘) 상실을 노래하고 있다. 그 회복의 간절성이 내함된 주제인 것이다. 송인관 시에서 나타나는 낙원 상실의 이 극서정시 창출 의지는 가령,

나 죽으면 한 마리 새가 되리라
욕망의 굴레 두꺼운 육신을 버리고

솜털 같은 가벼운 깃털을 날리며
내가 꿈꾸어오던 천상의 보금자리
지상의 낙원을 찾아가리라

사단칠정(四端七情) 다 떨쳐 버리고
눈부신 나신이 되어 초록의 둥지를 틀어

옥수 같은 물 졸졸 흐르는 냇가에서
물방울 튕기며 햇빛 받아 춤도 추며 날리라…

—「한 마리 새가 되리라」 전문

—에서처럼 극서정시, 즉 극적(드라마틱한, 또는 매우 극적인) 서정시(단순 리리시즘이 아닌 시원 상태의 낙원 정서의 시) 회복을 꿈꾸는 정신과 태도이다. 예시 제3스탠자의 '사단칠정(四端七情)'이란 조선조 유교 사상의 삶의 규범인 인의예지 사단(四端)의 이성(理性)과 희노애락애오욕 칠정(七情)의 감정을 말하는 것으로 화자는 세속의 모든 삶의 규정

을 확 벗어버리고 벌거숭이 나신도 좋은 낙원, 유토피아 세계를 꿈꾸는 것이다. 이토록 드라마틱하고 초극적(超劇的)인 송인관의 시정신(詩精神)은 어디서 오는 것인가. 그의 안갯속 같은 극적인 일상(日常)의 노래가 있다.

새벽 장에 팔려가는 염소 다섯 마리
두 마리는 팔리고 세 마리는 남아 있다

세 놈은
다음 장에 팔려갈 자신의 운명을 모른 채
어둠이 깃든 붉은 노을을 안고
껑충껑충 뛰며 집으로 돌아온다

텔레비전을 보니 북녘땅에서
회의 도중 두 보안관에게 끌려나오는
장성택의 경직된 모습이
마치 팔려가는 염소처럼 보인다

그는 형장의 이슬로 사라질 운명을
알고나 있었을까?

일 초 앞을 볼 수 없는 장막 앞에서
흐린 안갯속에 묻힌 일상이
TV 속에서 다가온다

우리 인간의 나약한 면모를 보여주는
실안개 같은 피조물이여!

일 없이 오늘도 무사히
나는 집으로 돌아갈 수가 있을는지
창조주인 하느님은 알고 계실까?

—「안갯속에 묻힌 일상」 전문

이 시의 표시적 기능(表示的 技能, Extension, 外面 作用)은 살아남은 염소의 어리석음을 인간의(장성택의) 그것으로 토로하고 있다면, 이 시의 내면적 암시적 기능(暗示的 技能, Intension, 內延 作用)은 인간 운명의 알 수 없는 일상적 낙원 상실의 현대적 상황을 암시하고 있다. 그리하여 송인관의 극적 비장미는 그의 두 시적 작용(표시적 기능과 암시적 기능)의 역학적(力學的) 통합술에 의해 균형 잡힌 미학을 거두고 있는 것이다. 엘리엇의 이른바 사상과 감정이 통합된 감수성 획득 미학 성취로서 우리는 송인관 시학(詩學)의 데뷔 이후 장족의 발전을 실감해 보는 것일 터이다. 이러한 송인관 시의 낙원 상실은 간단치 않은 징후로 뚜렷이 표상화되어 있다.

유월! 비탄 속에 오열하는 깊은 밤, 일만이 형이 꿈속에서 나타나
망우리 밖 개망초 꽃망울이 진 외딴집에서 4촌인 인필이 형을 보았다는 전화를 걸어 왔네

육십삼 년이 되도록 꿈속에서조차 소식이 없었던 그를 보았다니
꿈인지 생시인지 그 말을 믿을 수도 없고 믿기지가 않는구나

10대에 푸른 제복을 입은 그는 이 땅에 자랑스러운 국군이었다

그를 보았다는 개망초 꽃망울이 진 외딴집으로 전화를 걸었더니
웬 낯선 사람이 전화를 받으면서 기다리라고 한다

백부모님은 행방불명이 된 그를 기다리다 지쳐
저 세상으로 간 지 이미 오래되었는데 또 기다리라고 하니 기다릴 수밖에

기다리다 지쳐 다시 전화를 거니 이번에는 웬 낯선 노파가 전화를 받는다
역시 기다리라고 한다 아무리 기다리고 기다려도 소식은 없고
사위(四圍)는 어둠만이 깊이 쌓여간다

혹시 일만이 형이 이승과 저승을 넘나들며 비몽사몽 속에서 잘못
인필이 형을 만난 것은 아닐는지
이승과 저승은 백지장 한 장 차이라고 하는데 왜 연락이 안 닿을까?
일만이 형은 푸른 제복이 좋아 10대에 이 땅의 군인이 되었다
날이 밝아오면 퇴역을 하여 백발이 된 그에게 무슨 일이 있었는지!
무슨 일로 현몽을 하게 됐으며 꿈에 나타났는지 전화를 해 보리라!

고요한 적막만이 물 흘러가듯이 흐르고 하늘에서는 비가 끊이지 않고 내리는데
개성공단은 천신만고 끝에 매듭이 풀렸지만
NLL은 깊은 사초(史草)와 운무에 싸여 앞이 보이지를 않네

태양은 아직도 어둠 속에 갇혀 있고 인필이 형의 소식은 알 수가 없이
요원하기만 하구나
아물지 않는 상처는 치유되지 않고 남북 하늘에 깔려 있는
깊은 안개에 싸인 먼동은
왜! 헛바퀴만 돌고 있는지 모르겠네

—「아물지 않는 상처」 전문

다소 장황하긴 하지만 이 시의 외연(外延, Extension, 표시적 기능)은 산문시(散文詩)의 잘 짜인 구성과 절절한 사실(事實, Fact) 묘사에 따라 화자의 반백년 넘게 소식이 없던 사별 형제의 꿈속 전화 안부가 표현된다. 그리하여 내연(內延, Intension, 암시적 기능)이 보여주려고 하는 시인의 주제는 매우 비장한 산문적 해조(諧調)를 머금고 우리 앞에 절실성을 띄고 현전함으로써 비장미를 더욱 고조시키고 있다. 송인관 유토피아 지향 정서가 왜 그의 시 알파와 오메가 극적 정서의 동력원이 되고 있는지 명확하게 표상해 보여주고 있는 텍스트인 것이다. 근래 보기 드물었던 산문시의 일품으로 상찬해 마지않을 송인관 시의 극적 서정 산문시 전범일 터이다.

이제 이쯤에서 그의 첫 시집 절묘성의 역작들 제재적 면모를 집중 탐색해보고자 한다. 행두 넘버는 평설자의 활용 기호이다.

①
울타리 따라 선 은행나무 세 그루
우수수 떨어지는

금빛 노란 돈다발

푸드득 나는 까치는
돈다발이 싫은가 보다

은행잎에 감춰진 동전 알 한 다발
세찬 바람 소리에
알몸 드러날까 봐
고약한 냄새 풍기며
울타리 덤불 속에 숨네

이 가을에 가난한 사람들아
노란 돈 산더미로 쌓인
나무 은행 밑으로 오시구려!

은행 알 한 사발에 막걸리 두 뚝배기란다
흥얼흥얼 안주 삼아
금빛 노래 쏟아붓자

—「은행나무」 전문

②
이름도 성도
밝히고 싶지 않습니다
나이는 80이 넘었습니다

고향은 살구꽃 복사꽃 피는
남녘 하늘 아래 마을입니다
그 이름도 밝히고 싶지 않습니다

지금은 남의 집 옥탑방에서
살고 있습니다
부인은 나하고 띠동갑인데
암과 투병 중입니다

그래 봬도
젊었을 때에는 출세했다고
나를 부러워하던
사람들도 많았습니다

오늘은 날씨가 차갑습니다
도롯가에서 휴지를 줍다 보니
옛날 생각이 나서 눈물이 납니다

그래도 휴지를 줍다 보면
한 달이 순식간에 지나가
시청에서 20만 원을 줍니다

휴지 조각을 주웠다고 돈을 주니
나는 복이 많은 사람입니다
얼마나 고마운지 모르겠습니다

—「어느 노인의 독백」 전문

③
온 집안이
추석 준비에 들떠 있을 때
조금 전에도 멀쩡하던

간난 할머니가 돌아가셨다고
며느리인 연변댁이 외쳤다
그녀는 왕방울만 한 눈방울을 굴리며
나를 바라본다
나는 전화기로 복지사에게
간난 할머니의 죽음을 알렸다
그녀의 고향은 함경도
어린 시절 그곳을 떠나
아버지와 함께
만주 벌판을 전전하며 살았다
해방 후에는 이태원 해방촌에서
청소원으로 살다가 기력이 쇠잔하여
우리 집에 세 들어 사는 아들을 찾아왔다
추석날
온 마을이 축제 분위기로 들떠 있을 때
심장 수술을 받은 그녀의 아들과 함께
빈소도 없고 문상객도 없는
초라한 장례식을 치르고
병원에서 마련한 봉고차에 고인을 싣고
벽제 화장터로 갔다
잠시 후 그녀를 에덴동산에 뿌리고 오면서
오열하는 아들을 달래며
복지사에게
가는 길이 급한지 저편으로 가는 비용이
몽탕 130만 원이 들었다고 알렸다

—「어느 장례식」 전문

위 ①, ②, ③ 시들을 병렬 예시한 이유는 이들 텍스트가 각기 송인관 극서정시 특성들을 잘 담지하고 있기 때문이다.

①이 은행나무를 은행(銀行, Bank, 금융기관)으로 동일시(同一視, '은행'이라는 한글 발음의 펀(Pun) 동음화(同音化) 형식)하여 은연중에 황금만능주의를 비꼬아 풍자한 새타이어(Satire) 시라면, ②는 80세 넘은 노인이 휴지(쓰레기)를 주워 오히려 월 20만 원이란 돈을 버는 잉여 인생의 휴지 같은 존재 확인 아이러니시이다. 화자 자신의 독백체 시라는 점에서 더욱 탁월성을 띠는 텍스트일 것이다. ③은 고난의 역사를 살아온 한 영세인 가족의 노파가 죽어 초라한 장례식을 치룬 130만 원어치 저승길에 대한 눈물겨운 사연의 서술시이다. 이른바 복지 국가 영세 국민의 턱도 없는 복지 사례의 극서정시이다.

예시 3편 모두 극서정시로 극적 구성에 실은 낙원 상실의 비장감 넘치는 ① 풍자시, ② 아이러니시, ③ 서술시(Narrative Poetry)라는 각각의 변별성을 지닌다. 이처럼 송인관 시의 낙원 상실 극서정시는 제재의 탁월한 리얼리티가 확연하고 시편마다 구성 또한 군더더기 없는 균형감을 자아내주고 있다. 편편마다 완결미를 거두고 있는 것이다. 그만큼 송인관 시의 미학은 놀라우리만큼 완벽하다.

제상에는 먼저 온 햇빛이 빤짝이네
조상님들 드시기를 바라는
홍동백서(紅東白西)의 산해진미(山海珍味)
조상님 아니시면 이 세상에 내가 있으랴

흰 도포 자락 펄럭이는 바람 소리에
조상님들 반기시며 깨어나시겠지

간만에 망건 쓰니 바람에 건들건들
조상님들 웃으실라
술잔에 철철 넘치는 정성을 받으소서

10월 15일 선조님들 초대하여
음덕을 기리고 화목을 다지며
풍요와 수다와 웃음까지 차려놓고
메 돌리고 음복한다
듬직한 소나무 끄덕이며 엿듣는다

—「시제(時祭)」 전문

예시는 송인관 시의 낙원 상실 극서정시의 이상적(理想的)인 텍스트에 이른 시이다. 제목 '시제(時祭)'는 조상을 모시는 제사 의식이다. 연(聯) 가름은 했으나 14행 소네트라는 우리의 전통 정신의 실천이 주제로 취택되어 우선 시정신(사상)의 바람직한 면모를 보이고 있는 바, 제2연 표현의 해학성이 그것이다. 이러한 엄숙한 제재의 자칫 딱딱하게 경직되기 쉬운 이지고잉(Easy Going)에서 탈태해 시가 유머러스하게 읽히도록 한 것이다. 레토릭에서도 사물시적인 이미지즘 기법임에도 주제의 전통 사상 취택은 매우 적절한 것이다. 그리하여 이른바 엘리엇의 사상(思想)과 감정의 통합된 감수성 기법으로 확보하고 있는 텍스트 성취는 송인관 시의 낙원 상실 이후 우리가 회복해야 할 시원 정서(순수한 삶의 정서) 회복의 시 창작 실천의 본보기 시가 성취되었다 할 만하다. 예시는 그러한 진정성의 전통 서정시 회복의 전범(典範)이다. 이제 현대 포스트모던(후기 산업사회) 시대의 천민자본주의와 사이코 조직 사회로부터 온 소외와 억압에 의한 낙원 상실 세계에서 시원(원시)적 순수의 삶, 존재가 가지는 참서정 정신으로 극서정시(劇抒情詩 또는 超克의 抒情詩)를 이 첫 시집 『새벽에 다녀간 사람』에 다수의 완성된 텍스트군(群)으로 성취한 송인관의 메타 텍스트 시 한 편을 주목해 읽는 일로 글 맺음을 갈음할까 한다.

꿈결에 다녀간 사람
고운 꿈 내게 두고
어디로 사라졌나

화사한 웃음꽃인 듯
가슴에 새겨 놓고
어디로 떠나갔나!

매일 속삭이는 그 말
아픈 마음 쓰다듬어
사랑이
앵두처럼 여물어가네

—「새벽에 다녀간 사람」 전문

이 송인관 첫 시집 『새벽에 다녀간 사람』은 어떤 사람인가. 시집의 문제시들(여기까지의 해설 중심 선택 텍스트들)을 읽기 전에는 알 수 없는 사람이다. 새벽 꿈결에 다녀간(첫 연 첫 행) 화사한 웃음꽃인 듯한 사람이며, 앵두처럼 아픈 마음에 여물어 가는 사랑의 사람(후말연)인 듯하다. 결국 송인관 시의 낙원 상실 이후의 극서정시는 '사랑의 사람' 달리 말해 저 시원(원시) 시대 낙원에서 솜털만 한 욕망의 굴레조

차 없는 공기처럼 맑은 '서정의 사람살이를 노래하는 시' 이다. 노익장의 춘추에 길지 않은 등단 시기를 훌쩍 뛰어넘으며 훌륭히 새로운 시정신으로 수놓게 된 첫 시집 상재에 홍해(紅海)가 넘치는 박수갈채가 면면하기를 기원해 마지않는 바이다.

문학세계대표작가선 726

새벽에 다녀간 사람

송인관 시집

인쇄 1판 1쇄 2014년 9월 5일
발행 1판 1쇄 2014년 9월 12일

지 은 이 : 송인관
펴 낸 이 : 金天雨
펴 낸 곳 : 도서출판 天雨
등 록 : 1992. 2. 15. 제1-1307호
주 소 : 서울시 성동구 무학봉28길 6 금용빌딩 2F(하왕십리동 966-23)
전 화 : 02)2298-7661
팩 스 : 02)2298-7665
http://www.moonhaknet.com
E-mail : chunwo@hanmail.net

값 9,000원

ISBN 978-89-7954-578-4